MICHAELIS

tour

INGLÊS
PARA VIAGEM
GUIA DE CONVERSAÇÃO

SICILIANO

Antonio Carlos Vilela

MICHAELIS

tour

INGLÊS
PARA VIAGEM
GUIA DE CONVERSAÇÃO

MELHORAMENTOS

© 1994 Comp. Melhoramentos de São Paulo
Caixa Postal 8120 – CEP 01065-970 – São Paulo

Atendimento ao consumidor
Tels.: 0800-113306 – DDG (Brasil)
(011) 872-6670 – São Paulo

Edição: 6 5 4 3 2 1
Ano: 1997 96 95 94
ISBN: 85-06-01989-3

Impresso no Brasil

DO PINHEIRO AO LIVRO, UMA REALIZAÇÃO MELHORAMENTOS

Sumário

Este guia foi feito para atender às necessidades das pessoas que viajam para os países de língua inglesa e que não tenham nenhuma noção de inglês. As pessoas que conhecem este idioma também encontrarão aqui dicas valiosas para sua viagem.

O guia está dividido em três partes. Na primeira, estão as noções básicas do idioma e frases que venham a lhe ser úteis, em qualquer circunstância. A segunda parte apresenta as situações que você poderá enfrentar quando estiver no exterior. Elas encontram-se em ordem alfabética. Assim, se você deseja, por exemplo, saber o que falar no aeroporto, procure logo no começo. Cada assunto contém as frases que você talvez tenha de falar. As frases estão em português e sua tradução em inglês.

Em alguns assuntos que julgamos necessário, colocamos uma seção com as frases que você eventualmente pode ouvir de funcionários, atendentes e outras pessoas. Nesse caso, as palavras-chave estão destacadas em inglês e em português. Assim, se não entender a frase toda de seu interlocutor, mas compreender algumas palavras-chave, poderá saber sobre o que ele está falando.

A terceira parte foi especialmente desenvolvida para resolver todas as suas dúvidas: trata-se de um vocabulário inglês-português e português-inglês, com as palavras que aparecem no guia. É uma boa idéia folhear o guia e verificar suas seções durante a viagem e antes que as situações apresentadas aconteçam, a fim de se acostumar com o que dizer e com a língua inglesa. A primeira parte, em especial, deve ser estudada antes da viagem.

Acreditamos que este guia lhe será muito útil e esperamos que você aproveite bem sua viagem.

Obs.: Quando existir a indicação **GB** ao lado de uma palavra ou expressão, isso significa que ela é tipicamente britânica. Por outro lado, quando estiver indicado **EUA**, a expressão é particularmente americana.

Pronúncia

Freqüentemente você será solicitado a soletrar o seu nome, nome de ruas ou outras palavras. Por isso, você precisa saber pronunciar bem as letras do alfabeto.

Você pode ouvir:

Could you **spell** your name, please?	Pode **soletrar** seu nome, por favor?
Could you **spell** it, please?	Pode **soletrar**, por favor?

Você pode precisar falar:

Meu nome é Henrique Barbosa	My name is Henrique Barbosa
Vou soletrar:	I'm going to spell it:

H (*eitch*) - **E** (*i*) - **N** (*én*) - **R** (*ar*) - **I** (*ai*) - **Q** (*kiú*) - **U** (*iú*) - **E** (*i*)

B (*bi*) - **A** (*ei*) - **R** (*ar*) - **B** (*bi*) - **O** (*ou*) - **S** (*és*) - **A** (*ei*)

Alfabeto

A	*(ei)*	N	*(én)*
B	*(bi)*	O	*(ou)*
C	*(ci)*	P	*(pi)*
D	*(di)*	Q	*(kiú)*
E	*(i)*	R	*(ar)*
F	*(éf)*	S	*(és)*
G	*(dji)*	T	*(ti)*
H	*(eitch)*	U	*(iú)*
I	*(ai)*	V	*(vi)*
J	*(djei)*	W	*(dabliú)*
K	*(kei)*	X	*(éks)*
L	*(él)*	Y	*(uái)*
M	*(ém)*	Z	*(zi* - EUA; *zéd* - GB)

Gramática

Este guia está elaborado de modo que você não necessite conhecer a língua inglesa para falar inglês. Também não é nossa intenção dar-lhe aulas de gramática. O que desejamos, aqui, é fornecer-lhe instrumentos para tornar o seu acesso à língua inglesa mais fácil.

Os gêneros dos substantivos

Há três gêneros de substantivos em inglês:

1. Masculino: usado para homens, meninos e animais machos (pronomes *he/they*).
2. Feminino: usado para mulheres, meninas e animais fêmeas (pronomes *she/they*).
3. Neutro: usado para objetos e também para animais cujo sexo não se sabe (pronomes *it/they*).

Pode-se reparar que o pronome pessoal, quando no plural, não varia com o gênero, permanecendo sempre *they*, significando eles, elas e plural de *it*, que não tem correspondente em português.

Há algumas exceções: navios são considerados femininos e eventualmente carros e outros veículos também, quando tratados com carinho.

Países são geralmente considerados femininos, quando é feita a referência a eles pelo nome.

O plural dos substantivos

Geralmente, o plural de um substantivo é formado adicionando-se um **s** ao singular:

plane (avião) **planes**
passport (passaporte) **passports**
office (escritório) **offices**
cup (xícara) **cups**
pillow (travesseiro) **pillows**
ticket (bilhete, passagem) **tickets**
stamp (selo) **stamps**
cheque=EUA; **check**=GB (cheque) **cheques; checks**
blanket (cobertor) **blankets**
shirt (camisa) **shirts**

Há exceções:

1. Substantivos terminados em **o**, **ss**, **sh**, **ch** ou **x** recebem **es** para formar o plural:

box (caixa) **boxes**
glass (copo) **glasses**
brush (escova) **brushes**

watch (relógio de pulso) **watches**
tomato (tomate) **tomatoes**

2. Substantivos terminados em um **y** que é precedido por uma consoante formam plural perdendo o **y** e recebendo **ies**:

baby (bebê) **babies**
country (país) **countries**

Por outro lado, substantivos terminados em um **y** que é precedido por uma vogal formam plural simplesmente recebendo um **s**:

key (chave) **keys**
day (dia) **days**

3. Doze substantivos terminados em **f** e **fe** perdem o **f** ou o **fe** e recebem **ves**. Esses substantivos são:

calf (filhote) **calves**	**self** (próprio) **selves**
half (metade) **halves**	**sheaf** (feixe) **sheaves**
knife (faca) **knives**	**shelf** (prateleira) **shelves**
leaf (folha) **leaves**	**thief** (ladrão) **thieves**
life (vida) **lives**	**wife** (esposa) **wives**
loaf (fôrma) **loaves**	**wolf** (lobo) **wolves**

4. Alguns substantivos formam plural por uma troca de vogais:

man (homem) **men**

woman (mulher) **women**
tooth (dente) **teeth**

5. Alguns substantivos estão sempre no singular:

baggage (bagagem)
luggage (bagagem)
information (informação)

6. Outras estão sempre no plural:

police (polícia)
clothes (roupas)

7. Objetos constituídos por duas ou mais partes também estão sempre no plural:

pyjamas (pijama)
pants/trousers (calças)
glasses (óculos)
scissors (tesoura)

Adjetivos

1. Os adjetivos em inglês têm sempre uma única forma, estejam acompanhando substantivos no singular, plural, masculinos ou femininos.

a good man (um bom homem)   **good men** (bons homens)

a good woman (uma boa mulher)   **good women** (boas mulheres)

2. Os adjetivos são colocados antes dos substantivos a que se referem:

a beautiful woman (uma mulher bonita)
the brown jacket (a jaqueta marrom)

Artigo definido e artigo indefinido

O artigo definido é sempre o mesmo, não variando quer em gênero quer em número, sendo **the** (o, a, os, as) no masculino, feminino, neutro, singular ou plural.

the boy (o menino)
the girl (a menina)
the chair (a cadeira)
the children (as crianças)
the books (os livros)

O artigo indefinido (um, uma) tem duas formas em inglês: **a** e **an**, e não varia conforme o gênero, masculino, feminino ou neutro. Antes de palavras começadas com uma consoante usa-se **a** e antes de palavras iniciadas por vogais usa-se **an**.

a nice woman (uma mulher agradável)
an interesting woman (uma mulher interessante)
a nice man (um homem agradável)
an interesting man (um homem interessante)

O artigo indefinido não existe no plural.

a nice woman   plural: **nice women**

Pronomes pessoais

eu – I	me, mim, comigo – me
você/tu – you	te, ti, contigo – you
ele – he	lhe (a ele) – him
ela – she	lhe (a ela) – her
ele/ela (neutro) – it	lhe (a ele/a ela) – it
nós – we	nos, conosco – us
vocês/vós – you	vos, convosco – you
eles/elas – they	lhes – them

Adjetivos possessivos

meu, minha, meus, minhas – my
teu, tua, teus, tuas – your
seu (dele) – his
seu (dela) – her
seu (dele/dela – neutro) – it
nosso, nossa, nossos, nossas – our
vosso, vossa, vossos, vossas – your
seu (deles/delas) – their

Pronomes possessivos

meu	–	mine
teu	–	yours

dele	—	his
dela	—	hers
dele/dela (neutro)	—	its
nosso	—	ours
vosso	—	yours
deles	—	theirs

Verbos

O verbo mais usado em inglês é, sem dúvida, o verbo *to be* (ser/estar).

I am	—	eu sou/estou
You are	—	você é/está – tu és/estás
He is	—	ele é/está
She is	—	ela é/está
It is	—	ele/ela (neutro) é/está
We are	—	nós somos/estamos
You are	—	vocês são/estão – vós sois/estais
They are	—	eles/elas são/estão

Outro verbo bastante usado é o verbo *to have* (ter).

I have	—	eu tenho
You have	—	você tem – tu tens
He has	—	ele tem
She has	—	ela tem
It has	—	ele/ela (neutro) tem
We have	—	nós temos

You have	–	vocês têm – vós tendes
They have	–	eles/elas têm

Esses dois verbos são chamados auxiliares. Eles podem ser empregados com outros verbos, para a formação de certos tempos verbais. Por exemplo:

I am walking	–	eu estou andando
He is eating	–	ele está comendo
You have walked	–	você andou
They have eaten	–	eles comeram

O presente do indicativo dos verbos é igual ao infinitivo, a não ser na terceira pessoa do singular, à qual se adiciona a letra *s*.

to drink (beber)

I drink	We drink
You drink	You drink
He drinks	They drink
She drinks	

Os verbos can, may, must, should, ought são defectivos, e nunca recebem o *s*.

Forma-se **o futuro** adicionando-se o auxiliar *will*:

He eats – ele come
He will eat – ele comerá

No futuro, a terceira pessoa do singular perde o *s*. As demais pessoas permanecem iguais.

I drive – eu dirijo
I will drive – eu dirigirei
They know – eles sabem
They will know – êles saberão

O **passado imperfeito** e o **particípio passado** são formados acrescentando-se o sufixo **ed** ao infinitivo.

infinitivo	*imperfeito*	*particípio passado*
to work (trabalhar)	work**ed**	work**ed**

Todas as pessoas têm a mesma conjugação no **passado imperfeito** e no **particípio passado**:

I worked	It worked
You worked	We worked
He worked	You worked
She worked	They worked

exceto no verbo *to be* (ser/estar):

I was – eu era/estava
You were – você era/estava – tu eras/estavas
He was – ele era/estava
She was – ela era/estava
It was – ele/ela (neutro) era/estava
We were – nós éramos/estávamos
You were – vocês eram/estavam – vós éreis/estáveis
They were – eles/elas eram/estavam

Existem verbos chamados de irregulares que não recebem o sufixo **ed** quando estão no passado, assumindo formas particulares. A seguir, apresentamos uma lista dos mais comuns.

infinitivo	imperfeito	particípio passado	
arise	arose	arisen	*levantar*
awake	awoke/ awaked	awoken/ awaked	*acordar*
be	was	been	*ser/estar*
become	became	become	*tornar-se*
begin	began	begun	*começar*
bite	bit	bitten	*morder*
break	broke	broken	*quebrar*
bring	brought	brought	*trazer*
build	built	built	*construir*
buy	bought	bought	*comprar*
can	could	been able	*poder*
choose	chose	chosen	*escolher*
come	came	come	*vir*
cost	cost	cost	*custar*
cut	cut	cut	*cortar*
do	did	done	*fazer*
drive	drove	driven	*dirigir*
eat	ate	eaten	*comer*
fall	fell	fallen	*cair*
feel	felt	felt	*sentir*
fly	flew	flown	*voar*

infinitivo	imperfeito	particípio passado	
forbid	forbade	forbidden	*proibir*
forget	forgot	forgotten	*esquecer*
forgive	forgave	forgiven	*perdoar*
freeze	froze	frozen	*congelar*
get	got	got	*pegar*
give	gave	given	*dar*
go	went	gone	*ir*
have	had	had	*ter*
hear	heard	heard	*ouvir*
hold	held	held	*segurar*
keep	kept	kept	*manter*
know	knew	known	*saber*
lay	laid	laid	*deitar*
leave	left	left	*sair*
let	let	let	*deixar*
light	lighted/lit	lighted/lit	*acender*
lose	lost	lost	*perder*
make	made	made	*fazer*
may	might	–	*poder*
mean	meant	meant	*significar*
meet	met	met	*encontrar*
must	had to	–	*dever*
pay	paid	paid	*pagar*
put	put	put	*pôr*
read	read	read	*ler*
run	ran	run	*correr*
say	said	said	*dizer*

infinitivo	imperfeito	particípio passado	
see	saw	seen	*ver*
sell	sold	sold	*vender*
send	sent	sent	*enviar*
sit	sat	sat	*sentar*
speak	spoke	spoken	*falar*
spend	spent	spent	*gastar*
swin	swam	swum	*nadar*
take	took	taken	*tomar*
tell	told	told	*contar*
think	thought	thought	*pensar*
understand	understood	understood	*entender*
wear	wore	worn	*vestir*
win	won	won	*vencer*
write	wrote	written	*escrever*

Conversação geral

Os americanos são, em geral, muito educados, e mesmo em lojas, restaurantes e escritórios gostam de cumprimentar o cliente — e também de serem cumprimentados por este — antes de começar a falar de negócios. Assim, é bom disparar um "Hi. How are you doing?" (Oi. Como vai?) para garçonetes, recepcionistas, vendedores e profissionais que trabalham servindo você. O serviço tornar-se-á mais caloroso e mais atencioso.

Cumprimentos

Bom dia	Good morning
Boa tarde	Good afternoon
Boa noite (como cumprimento ao chegar)	Good evening
Boa noite (como despedida ao se retirar)	Good night

Olá	Hello
Oi	Hi
Como vai?	How are you doing?

Frases de todos os dias, independentemente do local ou situação

Por favor	Please
Obrigado	Thank you
De nada	You are welcome/ Don't mention it
Tchau	Good bye
Eu sou brasileiro/ português	I am Brazilian/Portuguese
Meu nome é...	My name is...
Você pode me ajudar?	Can you help me?
Eu estou com fome	I am hungry
Eu estou com sede	I am thirsty
Você fala português/ espanhol?	Do you speak Portuguese/ Spanish?
Alguém aqui fala português/espanhol?	Does anybody here speak Portuguese/Spanish?
Eu não falo inglês muito bem	I don't speak much English
Você me compreende?	Do you understand me?
Eu (não) compreendo	I (don't) understand
Você pode repetir, por favor?	Would you say that again, please?
Sim	Yes
Não	No

Eu não sei	I don't know
Sinto muito	I am sorry
Desculpe-me	Excuse me
Com licença	Excuse me
Não entendi	I beg your pardon?
Por favor, fale devagar	Please, speak slowly
Por favor, escreva	Please, write it down
Por favor, mostre a palavra no livro	Please, show me the word in the book
Boa sorte!	Good luck!
Feliz Aniversário!	Happy Birthday!
Está tarde	It's late
Quanto custa?	How much is it?
Quando?	When?
Como?	How?
Quantos?	How much/many?
Quem?	Who?
Onde?	Where?
Você aceita...	Do you take...
cheques de viagem?	traveller's cheques?
cartões de crédito?	credit cards?
Eu gosto/eu não gosto...	I like/I don't like...
disso	this
futebol	soccer (EUA)/ football (GB)
cerveja	beer
de jogar tênis/golfe	playing tennis/golf
Você gosta disto?	Do you like this?
Você gosta de sorvete?	Do you like ice cream?

O que você gostaria de fazer?	What would you like to do?
Você aceita uma bebida?	Would you care for a drink?
Sim, por favor	Yes, please
Não, obrigado	No, thank you
Adoraria	I'd love to
É muito gentil de sua parte	That's very kind of you
Você gostaria de ir dançar?	Would you like to go dancing?
Você gostaria de jantar?	Would you like to go for dinner?
Onde podemos nos encontrar?	Where shall we meet?
A que horas podemos nos encontrar?	What time shall we meet?
Que pena!	What a pitty!
O que significa?	What does it mean?
Pode me traduzir isso, por favor?	Can you translate this for me, please?
Por favor, escreva	Please, write it down
Como se diz isto em inglês?	What do you call it in English? How do you say this in English?
Alguém aqui fala **português**?	Does anyone here speaks **Portuguese**?
...**espanhol**?	...**Spanish**?
...**inglês**?	...**English**?
Pode repetir, por favor?	Would you say that again, please?

Desculpe-me, não entendi	I beg your pardon?
Pode falar mais devagar, por favor?	Would you speak slower, please?

É provável que você ouça com freqüência:

Your **passport**, please	Seu **passaporte**, por favor
May I **help** you?	Posso lhe **ajudar**?
Do you have **change**?	Você tem **trocado**?
What would you like?	O que você deseja?
Your **name**, please	Seu **nome**, por favor
Where are you from?	De **onde** você é?

Apresentações

Meu nome é...	My name is...
Este é...	This is...
Prazer em conhecê-lo/la	Pleased to meet you/ nice to meet you
Qual o seu nome?	What's your name?

Obs.: Em inglês, quando se usa as formas de tratamento *Mrs.*, *Miss* e *Mr.*, estas são seguidas pelo sobrenome e nunca pelo primeiro nome. Assim, a forma correta de se dirigir ao senhor John Smith é Mr. Smith, e nunca **Mr.** John. Da mesma forma, a senhora Joanna Brown deve ser tratada por **Mrs.** Brown.

Senhora	Mrs., Madame, Ma'm
Senhorita	Miss
Senhor	Mister
De onde você é?	Where are you from?
O que você faz?	What do you do?
Você é casado/a?	Are you married?
Você está sozinho/a?	Are you on your own?
Você está com a família?	Are you with your family?
Onde você vai?	Where are you going?
Onde você está hospedado/a?	Where are you staying?
Eu sou brasileiro	I am Brazilian
Eu sou português	I am Portuguese
Eu moro no Rio de Janeiro	I live in Rio de Janeiro
Nós moramos em São Paulo	We live in São Paulo
Eu trabalho com...	I work in...
Eu sou solteiro/a	I am single
Eu sou casado/a	I am married
Eu sou divorciado/a	I am divorced
Eu estou separado/a	I am separated
Eu estou aqui de férias	I'm here on holiday
Eu estou aqui a negócios	I'm here on business
Eu estou aqui com minha família	I'm here with my family

Eu estou aqui com minha mulher/meu marido	I'm here with my wife/ husband
Eu estou aqui com minha irmã/meu irmão	I'm here with my sister/brother
Eu estou aqui com uma amiga/um amigo	I'm here with a friend
Eu estou aqui com minha minha namorada/ meu namorado	I'm here with my girlfriend/boyfriend
Eu falo muito pouco inglês	I speak very little English

DIAS E MESES

dia	day
semana	week
fim de semana	weekend
mês	month
ano	year

Dias da semana

Segunda-feira	Monday
Terça-feira	Tuesday
Quarta-feira	Wednesday
Quinta-feira	Thursday
Sexta-feira	Friday
Sábado	Saturday
Domingo	Sunday

Meses

Janeiro	January
Fevereiro	February
Março	March
Abril	April
Maio	May
Junho	June
Julho	July
Agosto	August
Setembro	September
Outubro	October
Novembro	November
Dezembro	December

Estações do ano

Primavera	Spring
Verão	Summer
Outono	Autumn/Fall
Inverno	Winter

HORAS

Não é freqüente, em inglês, que as pessoas digam as horas como fazemos, dizendo "catorze horas", "dezessete horas" e assim por diante. O normal é dizer (ou escrever) "oito da manhã", "duas da tarde". Faz-se isso usando as iniciais **a.m.** e **p.m.** depois do número que indica a hora. **A.m.** significa de manhã e **p.m.** indica que o horário é posterior ao meio-dia (tarde e noite). Eventualmente você poderá ouvir expressões como:

fourteen hundred	catorze horas
twenty hundred	vinte horas

Pode ser necessário dizer:

Que horas são?	What time is it?
São cinco horas da manhã	It's five o'clock a.m.

Pode-se omitir a expressão "o'clock" sem prejuízo do sentido:

sete e dez da manhã	ten past seven a.m.

Da mesma forma que em português não falamos sempre "da manhã" ou "da tarde", nem sempre é necessário dizer "a.m." ou "p.m.". O contexto em que as horas são ditas pode ser suficiente.

Eventualmente, em vez de "quinze minutos", em horas quebradas, você pode ouvir (ou falar) "a quarter", que significa um quarto de hora.

oito e quinze	fifteen (a quarter) past eight

Como em português, em inglês pode-se dizer "meia" ou "trinta" para significar a meia hora.

oito e trinta (meia)	thirty (half) past eight o'clock
meio-dia	noon (midday)
de manhã	in the morning
à tarde	in the afternoon

duas da tarde	two o'clock p.m.
quinze para as cinco	fifteen (a quarter) to five
dez para as onze	ten to eleven
onze e vinte e cinco da noite	twenty five past eleven p.m.
cinco para a meia-noite	five to midnight
meia-noite	midnight

NÚMEROS

O símbolo # significa a palavra número. Por exemplo:

Estou no quarto número 7   I am in room # 7

1	one	24	twenty-four
2	two	25	twenty-five
3	three	26	twenty-six
4	four	27	twenty-seven
5	five	28	twenty-eight
6	six	29	twenty-nine
7	seven	30	thirty
8	eight	40	fourty
9	nine	50	fifty
10	ten	60	sixty
11	eleven	70	seventy
12	twelve	80	eighty
13	thirteen	90	ninety
14	fourteen	100	one hundred
15	fifteen	110	one hundred and ten
16	sixteen	200	two hundred

17	seventeen	300	three hundred
18	eighteen	500	five hundred
19	nineteen	1.000	one thousand
20	twenty	2.000	two thousand
21	twenty-one	1.000.000	one million
22	twenty-two	2.000.000	two million
23	twenty-three		

1º	first	1st	20º	twentieth	20th
2º	second	2nd	21º	twenty-first	21st
3º	third	3rd	22º	twenty-second	22nd
4º	fourth	4th	23º	twenty-third	23rd
5º	fifth	5th	24º	twenty-fourth	24th
6º	sixth	6th	25º	twenty-fifth	25th
7º	seventh	7th	26º	twenty-sixth	26th
8º	eighth	8th	27º	twenty-seventh	27th
9º	ninth	9th	28º	twenty-eighth	28th
10º	tenth	10th	29º	twenty-ninth	29th
11º	eleventh	11th	30º	thirtieth	30th
12º	twelfth	12th			

ENDEREÇOS E ORIENTAÇÕES

Em inglês, os endereços são expressos com o número do imóvel antes do nome da rua. Dessa forma, se alguém mora na Sunset Boulevard, número 9021, este endereço é dito assim:

Norma lives at 9021, Sunset Avenue

Norma mora na Avenida Sunset, 9021.

Repare que os números são ditos um de cada vez: *nine*, *oh*, *two*, *one*. O zero é dito como a letra *o*.

Quando o número do imóvel é menor, pode-se dizê-lo normalmente:

50 Mission Street	Rua Mission, 50

Repare que pode-se falar *fifty* (cinqüenta). Mas — especialmente se o seu sotaque não for muito apurado — evita-se confusões falando *five-oh*.

Orientações:

aqui	here
avenida	avenue
direita	right
em frente	ahead
esquerda	left
esquina	corner
lá	there
quarteirão	block
rua	street

TEMPERATURA

Provavelmente, você vai encontrar a temperatura expressa em graus Farenheit. A seguir há uma tabela de conversão de graus Celsius (o nosso sistema) para Farenheit.

Celsius	Farenheit
-20	-4
-15	5
-10	14
-5	23
0	32
5	41
10	50
15	59
20	68
25	77
30	86
35	95
40	104

Como a escala Farenheit apresenta números maiores do que aqueles com que estamos acostumados, cuidado para não se enganar. Se a temperatura ambiente for de 23 F, por exemplo, prepare-se, porque estará muito frio: cinco graus abaixo de zero!

Obs.: A temperatura normal do corpo humano é de cerca de 98, 5 Farenheit.

Aeroporto

Ao chegar no aeroporto, pode ser que a polícia de fronteira faça-lhe algumas perguntas. Lembre-se de manter os documentos em local seguro e à mão.

Você pode ouvir:

Passport	Passaporte
Insurance	Seguro
Ticket	Bilhete (Passagem)
Have you anything to **declare**?	Tem algo a **declarar**?
What is the purpose of your travel?	Qual o motivo de sua viagem?
Where are you going?	Para onde você vai?
Where are you staying?	Onde vai se hospedar?
How long are you staying?	Quanto tempo você vai ficar?
Where do you come from?	De onde você vem?
Passengers	Passageiros

Delay	Atraso
Flight	Vôo
Gate number	Portão número
Departure	Partida

Chegando ao aeroporto de destino

Onde fica o free-shop?	Where is the duty-free shop?
Onde posso trocar dinheiro?	Where can I change some money?
Onde posso pegar o ônibus para o hotel?	Where do I get the bus to the hotel?

> Obs.: Shuttle Service = sistema de transporte (geralmente ônibus) entre o aeroporto e pontos estratégicos da cidade, como hotéis, estações de metrô, ferroviárias ou terminais de ônibus municipais.

Onde eu pego um táxi?	Where do I get a taxi/cab?
Onde ficam os telefones?	Where are the telephones?
Não achei minha bagagem	I have not found my luggage
Onde fica a seção de achados e perdidos?	Where is the lost and found sector?

No aeroporto, ao voltar

Quero mudar minha reserva	I want to change my reservation
Qual o número do vôo?	What is the flight number?
Qual o portão?	Which gate is it?
Está com atraso?	Is there a delay?
Há um bar/lanchonete/ restaurante?	Is there a bar/snack bar/ restaurant?
Onde fica o free-shop?	Where is the free-shop?

Bagagem

Onde está a bagagem do vôo do Brasil?	Where is the luggage from the Brazil flight?
Minha bagagem não chegou	My luggage has not arrived
Minha mala foi danificada na viagem	My suitcase was damaged in transit
Por favor, leve minha bagagem para um táxi	Please, take my luggage to a taxi/cab

Agência de Turismo

Quanto custa uma passagem de avião/ trem para...?	How much is it a plane/ train ticket to...?
Existe alguma promoção de passagens mais baratas?	Are there any special cheap fares?

Posso reservar um (dois) lugar(es)	Can I book a (two) seat(s)?
Primeira Classe	First Class
Segunda Classe	Second Class
Classe Econômica	Economic Class

Alimentação

Comprando sua própria comida

Há um/a supermercado/ mercearia aqui por perto?	Is there a supermarket/ grocer's near here?
Por favor, onde fica o açúcar?	Please, where can I find sugar?
Por favor, me dê ½ quilo de...	Please, give me half kilo (one pound) of...
1 kg	one kilo (two pounds)
2 kg	two kilos (four founds)
carne	meat
peixe	fish
costeleta de porco	pork chops
bifes	steaks
É fresco ou congelado?	Is it fresh or frozen?
Você pode limpar o peixe?	Will you clean the fish?
Tire a cabeça, por favor	Take off the head, please
Não está bom	This is bad

Está passado	This is stale
Não vou levar	I won't take it
Vocês vendem comida congelada?	Do you sell frozen foods?
Onde eu encontro?	Where can I found it?

Eu quero um pouco de...	I want some...
chá	tea
chocolate	chocolate
doces	sweets
fósforos	matches
manteiga	butter
óleo	cooking oil
pão	bread
presunto	ham
queijo	cheese
sal	salt

Por favor, onde ficam as bebidas?	Please, where are the drinks?
Por favor, onde ficam os refrigerantes?	Please, where are the soft-drinks?
Uma garrafa de...	A bottle of...
leite	milk
vinho	wine
cerveja	beer
água mineral	mineral water
suco de frutas	fruit juice

Por favor, onde ficam... — Please, where can I find...
    as frutas? — the fruits?
    bananas — bananas
    cerejas — cherries
    laranjas — oranges
    maçãs — apples
    pêssegos — peaches
    pêras — pears
    batatas — potatoes
    biscoitos — biscuits
    enlatados — tinned foods
    massas — pastas
    ovos — eggs
    salsichas — sausages

Por favor, eu quero uma garrafa/lata/ um pacote disto — Please, I want a bottle/ can/packet of this

BEBIDAS

Bares e restaurantes

Uma garrafa do vinho da casa, por favor — A bottle of the house wine, please

Eu quero ver a carta de vinhos — I want to see the wine list

Vocês servem coquetéis? — Do you serve cocktails?

Por favor, eu quero... — Please, I'll have...
    água mineral — mineral water

limonada	lemonade
laranjada	orangeade
suco de maçãs	apple juice
um copo com gelo	a glass with ice cubes
um refrigerante	a soft-drink
uma coca-cola	a coke
um canudinho	a straw
cerveja	beer
chopp	draught beer
copo de	glass of
uísque	whiskey
uísque escocês	scotch
uma garrafa	bottle of
vinho branco	white wine
vinho tinto	red wine
seco/doce	dry/sweet
Por favor, eu quero um...	Please, I'll have a...
café preto	black coffee
pingado (café com pouco leite)	a small milky coffee
média (café com leite)	a large milky coffee
chá	tea
com leite	with milk
com limão	with lemon
copo de leite	glass of milk
chocolate quente	hot chocolate

Drinques normalmente encontrados nos
cardápios

Bacardi cocktail: drinque com rum, açúcar, grenadina e suco de lima.

Black cow: *root beer* (ver abaixo) com sorvete de baunilha.

Black velvet: cerveja escura e champanha.

Boston coffee: café com uma guarnição dupla de creme.

Bourbon: uísque destilado principalmente de milho.

Gin fizz: gim, suco de limão e água com gás.

Grasshoper: creme de menta com creme de cacau.

Highball: qualquer bebida alcoólica diluída em água ou em qualquer bebida gaseificada.

Manhattan: bourbon, vermute doce, cerejas em calda e angostura.

Old-fashioned: uísque, angostura, açúcar e cerejas em calda.

Pink lady: gin, licor de maçãs, suco de limão, grenadina e claras de ovos.

Root beer: um drinque adocicado e espumante, aromatizado com ervas ou raízes.

Rye: uísque destilado principalmente de centeio.

Screwdriver: semelhante ao nosso Hi-Fi; vodka e suco de laranja.

Tom Collins: gim, suco de limão, açúcar, água mineral gasosa e cerejas em calda.

Whiskey sour: uísque, suco de limão, açúcar e cerejas em calda.

Compras

Você pode ouvir do vendedor:

May I **help** you?	Posso **ajudá-lo**?
What would you like?	O que deseja?
Will that be all?	Isso é tudo?
Anything else?	Mais alguma coisa?
We have a **special offer**	Nós temos uma **oferta especial**
Would you like it **wrapped**?	Quer que **embrulhe**?
We don't have that	Nós não temos isso
You'll **find** there	Você vai **encontrar** ali
Sorry, **none left**	Desculpe, **acabou**
Sorry, we're **sold out**	Desculpe, **acabou**
We'll **have more** tomorrow/next week	**Receberemos mais** amanhã/semana que vem
I haven't got any (more)	Não tenho (mais)
How many would you like?	**Quantos** você quer?

How much would you like?	**Quanto** você quer?
Please, go to the **cashier**	Passe no **caixa**, por favor
Do you have any **change**?	Tem **trocado**?
What **size** would you like?	Qual **tamanho** você quer?
Are you paying...	Você vai pagar...
...by credit card?	...com cartão de crédito?
...with a cheque?	...com cheque?
...cash?	...em dinheiro?

Indo às compras

Onde fica a zona comercial?	Where is the main shopping area?
A que horas abrem/fecham as lojas?	What time do the shops open/close?
Quero comprar...	I want to buy...
Poderia me mostrar...	Could you show me...
isto/aquilo	this/that
esta câmara de vídeo	this camcorder
este telefone	this telephone set
uma secretária eletrônica	an answering machine
um telefone sem fio	a cordless telephone set
um telefone celular	a cellular telephone set
uma calculadora	a calculator
uma agenda eletrônica	an electronic organizer

este computador	this computer
um monitor Super VGA colorido	a Super VGA color monitor
esta televisão	this TV set
um bom videocassete	a good VCR
perfume	perfume
torradeira	toaster
um aparelho de som	a sound system
um CD (portátil)	a (portable) CD-player
fones de ouvido	headphones
pilhas	batteries
Vem com pilhas?	Are batteries included?

Quanto isto/aquilo custa?	How much is this/that?
Procuro um presente para **minha mulher**	I am looking for a gift for **my wife**
meu filho	my son
minha filha	my daughter
meu amigo	my friend
meu marido	my husband

Estou só olhando	I'm just looking round
Faz um desconto?	Is there a discount?
Não vou levar, obrigado	I won't take it, thank you
Vocês aceitam cheques de viagem/cartões de crédito?	Do you take travellers' cheques/credit cards?
Onde eu pago?	Where do I pay?

Desculpe, não tenho trocado	I'm sorry, I don't have any change
Eu vou levar	I'll take it
Pode mandá-los para este endereço?	Could you send them to this address?
Você tem uma sacola?	Do you have a bag, please?

ROUPAS

Tamanhos de roupas

A medida de roupas é feita da seguinte forma:

Camisas: o perímetro do colarinho e o comprimento da manga (medido a partir da axila até o punho).
Calças: o perímetro da cintura e o comprimento da perna, medida do cavalo (parte interna da coxa) até o tornozelo.

Roupas femininas

Brasil	Estados Unidos	Grã-Bretanha
38	10	32
40	12	34
42	14	36
44	16	38
46	18	40
48	20	42

Roupas masculinas

Brasil	Estados Unidos e Grã-Bretanha
40	30
42	32
44	34
46	36
48	38
50	40
52	42

Sapatos

Brasil	Estados Unidos	Grã-Bretanha
34	3 ½	2
35	4	3
36	5	4
38	6 ½	5
39	7 ½	6
41	8 ½	7
42	9 ½	8
43	10 ½	9
44	11 ½	10
45	12 ½	11

O meu número é...	I take a size...
Pode me medir, por favor?	Can you measure me, please?
Posso experimentar?	May I try on?
Onde ficam os provadores?	Where are the changing rooms?
Há um espelho?	Is there a mirror?
Está muito grande/ pequeno	It's too big/small
Eu não gosto	I don't like
Eu gosto do estilo, mas não da cor	I like the style, but not the color
Eu não gosto da cor	I don't like the color
Eu preciso que combine com isto	I need it to match this
Você tem algo...?	Have you got anything...?
mais barato	cheaper
diferente	different
maior	larger
menor	smaller
em couro	in leather
cinza	gray
vermelho	red
lilás	lilac
verde	green
preto	black
branco	white
Quero um/uma...	I want a...
blusa	blouse

calça	a pair of pants
camisa	shirt
camiseta	tee-shirt
mangas curtas	short sleeves
mangas compridas	long sleeves
camisola	nightgown
casaco	coat
paletó	jacket
terno	suit
smoking	tuxedo
casaco de malha	cardigan
cinto	belt
chapéu	hat
jeans	a pair of jeans
luvas	a pair of gloves
meias	a pair of socks
meias (de mulher)	a pair of stockings
meias-calças	a pair of tights
pijama	pyjamas
pulôver	pullover/jumper
saia	skirt
sandálias	sandals
sapatos	a pair of shoes
sobretudo	overcoat
sutiã	bra
vestido	dress

Correios

Você pode precisar falar:

Onde há uma agência dos correios?	Where is there a post office?
A que horas o correio abre/fecha?	What time does the post office open/close?
Para o Brasil, por favor	To Brazil, please
Quanto é...	How much is...
esta encomenda para o Brasil?	this parcel to Brazil?
uma carta para Portugal?	a letter to Portugal?
um cartão-postal para o Brasil?	a postcard to Brazil?
Via aérea	Airmail
Superfície	Surface mail
Eu quero registrar esta carta	I want to register this letter
Um selo, por favor	A stamp, please

Quero enviar um
    telegrama

I'd like to send a telegram

Quero enviar um fax

I'd like to fax a message

Dentista

Você pode ouvir do dentista:

I'll have to **take it out**   Terei de **extrair o dente**
You need a **filling**   Precisa de uma **obturação**
This might **hurt** a bit   Talvez **doa** um pouco

Você pode precisar falar:

Preciso ir ao dentista   I need to see the dentist
  (com urgência)   (urgently)
Estou com dor de dente   I have toothache
Quebrei um dente   I've broken a tooth
Estou com uma infecção   I have an infection

Dinheiro

Você pode ouvir:

How much do you want to change?	**Quanto dinheiro** você quer trocar?
Do you have any **identification**?	Você tem alguma **identificação**?
Your passport, please	Seu passaporte, por favor
Sign here	**Assine** aqui
Please, go to the **cashier**	Passe no **caixa**, por favor

Pode ser necessário falar:

Eu gostaria de trocar este cheque de viagem	I'd like to cash this traveller's cheque
Aqui está meu passaporte	Here's my passport
Aqui está meu cartão de crédito	Here's my credit card

Eu gostaria de trocar isto por dólares (canadenses)/ libras esterlinas	I'd like to change this into (Canadian) dollars/ sterling pounds
Eu quero sacar dinheiro com este cartão de crédito	I'd like to withdraw some money cash with this credit card
Você pode me dar algum trocado?	Can you give me some change?

Fotografia

Você pode precisar falar:

Eu preciso de um filme colorido/preto e branco	I need a colour/black and white film
Para ampliações/slides	It's for prints/slides
Há algo de errado com minha câmera	There is something wrong with my camera
O filme/obturador está preso	The film/shutter is jammed
Pode me revelar este filme?	Can you develop this film?
Quando as fotos estarão prontas?	When will the photos be ready?
Quanto custa?	How much is it?

Fumantes

Nos Estados Unidos e na Europa a sociedade é muito rigorosa com relação ao fumo. Em locais onde for proibido fumar, não insista. Normalmente não é permitido fazê-lo em lojas, metrô, ônibus, cinemas, teatros e em locais onde você vir o aviso "No smoking".

Importa-se se eu fumar?	Do you mind if I smoke?
Pode me dar um cinzeiro?	May I have an ashtray?
Um maço de..., por favor	A packet of..., please
Eu quero fumo para cachimbo	I'd like some pipe tobacco
Você tem fósforos?	Do you have any matches?
Tem fogo?	Have you got a light?

Hotel

CHEGADA AO HOTEL

Informações requeridas na ficha de registro:

First name/Christian name (GB)	nome
Surname	Sobrenome
Address/Street/Number	Endereço/Rua/Número
Nationality	Nacionalidade
Occupation	Ocupação/profissão
Date of birth	Data de nascimento
Place of birth	Local de nascimento
Passport number	Número do passaporte
Issued at	Data de emissão
Date	Data
Signature	Assinatura

Você pode ouvir do recepcionista:

Are you **checking in**? Você vai se **registrar**?

Do you have a **reservation**?	Você tem **reserva**?
Your **name**, please	Seu **nome**, por favor
Your **passport**, please	Seu **passaporte**, por favor
Would you **sign** here, please	**Assine** aqui, por favor
For how many **nights**?	Por quantas **noites**?
How long will you be staying?	**Quanto tempo** você vai ficar?
For how many **people**?	Para quantas **pessoas**?
With or without **bath**?	Com ou sem **banho**?
I'm sorry, we're **full**	Sinto muito, **não temos vagas**
This is the **only room** vacant	Este é o **único quarto** livre
We shall have **another room tomorrow**	Devemos ter **outro quarto amanhã**
Meals are/are not included	**As refeições** estão/não estão incluídas
Breakfast is included	O **café da manhã** está incluído
Would you **fill in** the **registration form**, please?	Você pode **preencher** a **ficha de registro**, por favor?

Pode ser necessário dizer:

Onde é a recepção?	Where is the front desk (EUA)/reception (GB)

Eu tenho reservas em nome de...	I have reservations in the name of...
Eu confirmei minha reserva por telefone/carta/telex/fax	I confirmed my booking by telephone/letter/telex/fax
Quero um quarto individual	I want a single room
Quero um quarto duplo	I want a double room
Com banho/chuveiro	With bath/shower
Quanto custa?	How much is it?
Por noite	Per night
Por semana	Per week
Em que andar é o quarto?	What floor is the room on?
Vocês tem um quarto no primeiro andar?	Do you have a room on the first floor?

Obs.: Entre os botões no painel do elevador podem aparecer algumas letras a que nós brasileiros não estamos acostumados. **L** significa **Lobby** (Hall de entrada), que normalmente é o térreo. **P** significa **Parking Lot**, ou estacionamento, e normalmente é localizado no subsolo.

Eu não gosto deste quarto	I don't like this room
Vocês têm outro?	Do you have another one?
Eu quero um quarto silencioso/maior	I want a quiet room/a bigger room

Eu gostaria de um quarto com sacada	I'd like a room with a balcony
Eu gostaria de um quarto com vista...	I'd like a room with a view...
para a rua	to the street
para o mar	to the sea
para a montanha	to the mountain
Há telefone/televisão/ rádio no quarto?	Is there a telephone/ television/radio in the room?
É muito caro!	It's too expensive!
Vocês têm algo mais barato?	Do you have anything cheaper?
As refeições estão incluídas?	Are meals included?
O café da manhã está incluído?	Is breakfast included?
Quanto é o quarto sem as refeições?	How much is the room without meals?
Quanto é o quarto com pensão completa/ só com café da manhã?	How much is the room with full board/with breakfast only?
Vocês têm um preço por semana?	Do you have a weekly rate?
Quanto é o preço por semana?	What is the weekly rate?
Há desconto para crianças?	Is there a reduction for children?
Há garagem?	Is there a garage?

Onde posso estacionar o carro?	Where can I park the car?
A que horas é o café da manhã/almoço/jantar?	What time is breakfast/ lunch/dinner?
Onde é a sala de jantar/ o restaurante do hotel?	Where is the dining room/ the hotel restaurant?
O hotel tem baby-sitter?	Does the hotel have a baby-sitting service?
(Chave) número...	(Key) number... (ver números na pág. 32)
Há algum recado para mim?	Are there any messages for me?
Posso deixar isto no cofre?	Can I leave this in the safe?
Pode tirar as minhas coisas do cofre?	Can you get my things from the safe?
Minha chave, por favor	My key, please
arrumadeira	chambermaid
serviço de quarto	room service
Quero o café da manhã no quarto, por favor	I want breakfast in the room, please
Entre	Come in
Ponha sobre a mesa, por favor	Put it on the table, please

Pode me chamar às 7 horas? — Can you call me at seven o'clock?

Pode lavar/lavar a seco esta roupa? — Can you do this laundry/dry-cleaning?

Quanto tempo demora para lavar? — How long will the laundry take?

Eu quero que limpem estes sapatos — I want these shoes cleaned

Eu quero que passem este terno — I want these suit pressed

Quando fica pronto? — When will it be ready?

Por favor, eu preciso disso para amanhã — Please, I need it for tomorrow

Pode colocar na conta? — Can you put it on the bill?

Não há água quente — There's no hot water

A descarga do vaso não funciona — The toilet won't flush

A luz não funciona — The light doesn't work

As cortinas estão emperradas — The curtains are stuck

Por favor, abra-as/feche-as — Please, open/close them

O lençol está sujo — The sheet is dirty

Está muito frio/quente — It's too cold/hot

Pode desligar/ligar o aquecimento, por favor? — Can you please turn down/up the heating?

O quarto tem ar-condicionado? — Is the room air-conditioned?

O ar-condicionado não funciona	The air-conditioning doesn't work
Pode me emprestar uma máquina de escrever?	Can I borrow a typewriter?
Por favor, coloque isto no correio	Please, post this
Vocês têm fax?	Do you have a fax?
Por favor, envie isto por fax	Please, fax this
Vocês têm um mapa da cidade/ um guia turístico?	Do you have a map of the town/a tour guide?

Eu preciso de...

I need...

um travesseiro	a pillow
uma toalha	a towel
um copo	a glass
um sabonete	a soap
um cobertor	a blanket
espuma para barba	shaving foam
lâmina de barbear	a razor
um cinzeiro	an ashtray
cabides	hangers
papel higiênico	toilet paper
papel de carta	writing paper
envelopes	envelopes
selos	stamps
cartões-postais	postcards

SAÍDA DO HOTEL

Estou deixando o hotel	I'm checking out
Eu vou sair amanhã	I will be leaving tomorrow
Pode aprontar minha conta?	Can you have my bill ready?
Vocês aceitam cartões de crédito?	Do you accept credit cards?
Há um erro na conta	There's a mistake on the bill
Pode mandar trazer minha bagagem?	Could you have my luggage brought down?
Por favor, chame um táxi para mim	Please, order a taxi/cab for me
Quero fechar a conta	I want to check out
Pode me recomendar um hotel em...	Can you recommend a hotel in...
Você pode ligar-lhe e fazer uma reserva, por favor?	Can you call them to make a reservation, please?

Lazer

Atrações turísticas

O que há para se ver aqui/nesta cidade?	What is there to see here/in this city?
Onde fica o museu?	Where is the museum?
Há visitas com guia?	Are there guided tours?
Há uma boa excursão turística?	Is there a good sightseeing tour?
Quanto tempo demora a excursão?	How long does the tour take?
O guia fala português/espanhol?	Does the guide speak Portuguese/Spanish?
Quando?	When?
Eu quero um bom guia (livro) turístico	I want a good guide book
A que horas abre o museu?	What time does the museum open?
Quanto custa para entrar?	How much does it cost to get in?

Pode-se tirar fotografias aqui?

Can one take photographs in here?

Você pode tirar uma foto minha/nossa?

Would you mind taking a photo of me/us?

Quando isto foi construído?

When was this built?

Diversão noturna

O que há para se fazer à noite?

What is there to do in the evening?

Existem boas danceterias/ boates?

Are there any good discos/nightclubs?

Queremos fazer duas reservas para hoje à noite

We'd like to reserve two seats for tonight

A que horas começa o show?

What time does the show begin?

Médico

Nos Estados Unidos pode-se conseguir ajuda para emergência médica ligando para 911.

Você pode ouvir:

What is the **matter**?	Qual é o **problema**?
Where does it **hurt**?	Onde **dói**?
How long have you been feeling like this?	**Há quanto tempo** você se sente assim?
How old are you?	Quantos anos você tem?
Are you taking any **medicines**?	Você está tomando algum **remédio**?
Are you **allergic** to any medicines?	Você é **alérgico** a algum remédio?

Pode ser necessário dizer:

Chamem uma ambulância!	Call an ambulance!
Eu preciso de um médico	I need a doctor

Leve-me/nos ao hospital mais próximo, por favor! — Please, take me/us to the nearest hospital!

Rápido! — Quickly!

Alguém aqui fala português/espanhol? — Is there someone here who speaks Portuguese/Spanish?

Eu me sinto mal — I feel unwell

Meu tipo sanguíneo é A+/B-/O-/AB+ — My blood group is A+/B-/O-/AB+

Eu sou (Ele é)... — I am (He is)...
  asmático — asthmatic
  diabético — diabetic
  epilético — epileptic
  alérgico a... — allergic to...
    antibióticos — antibiotics
    penicilina — penicillin
    cortisona — cortisone

Eu estou/Ela está/grávida — I am/she is pregnant

Eu sou/ele é hipertenso — I am/he has high blood pressure

Ele tem problemas cardíacos — He has cardiac problems

Estou/está tomando este remédio — I am/he is taking this medicine

Descrevendo os sintomas:

Dói aqui — It hurts here

Estou com diarréia	I have diarrhoea
Sinto-me tonto/enjoado	I feel dizzy
Eu vomitei	I have been sick
Estou com dor de cabeça	My head is aching
Estou com dor de garganta	My throat is aching
Eu não consigo/Ele não consegue dormir	I/He can't sleep
Eu não consigo/Ele não consegue respirar	I/He can't breathe
Eu não consigo/Ele não consegue urinar	I/He can't urinate

Partes do corpo

cabeça	head
orelha/ouvido	ear
nariz	noze
boca	mouth
garganta	throat
peito	chest
pulmões	lungs
barriga	belly
braço	arm
perna	leg
pé	foot

Negócios

Você pode ouvir:

The **name of your company**, please?	Qual o **nome de sua empresa**, por favor?
Are you **expected**, sir?	O senhor está sendo **esperado**?
Come this way, please	Por aqui, por favor
One moment, please	Um momento, por favor
Do you have a card?	Você tem um cartão (pessoal)?

Pode ser necessário dizer:

Eu preciso de um intérprete	I need an interpreter
Eu tenho um encontro com...	I have an appointment with...
Ele está à minha espera	He is expecting me
Posso deixar um recado?	Can I leave a message?
Onde é seu escritório?	Where is your office?

Eu preciso telefonar para o Brasil	I have to make a phone call to Brazil
Eu vim para a feira	I am here for the fair

Polícia

Nos Estados Unidos, para chamar a polícia, disque 911.

Onde fica a delegacia de polícia?	Where is the police station?
Roubaram-me	I have been robbed
Sofri um acidente	I have had an accident
Alguém roubou...	Someone has stolen...
Eu perdi...	I have lost...
meu passaporte	my passport
meu cartão de crédito	my credit card
minha bagagem	my luggage
Minha carteira de motorista é do Brasil	My driver's license was issued in Brazil

Restaurantes

Você pode precisar falar:

Há um restaurante/ lanchonete (não muito caro) por perto?	Is there a (an inexpensive restaurant/snack bar near here?

Obs.: inexpensive = não muito caro

Você pode sugerir... um bom restaurante? um restaurante vegetariano?	Can you suggest... a good restaurant? a vegetarian restaurant?
Eu gostaria de reservar uma mesa para duas pessoas	I would like to book a table for two people
para as 8:00	for eight o'clock
Uma mesa para um (dois), por favor	A table for one (two), please

Há uma mesa fora (perto da janela)?

Is there a table on the terrace (by the window)?

Há um local para fumantes (não fumantes)?

Is there a smoking (non-smoking) area?

Onde é o lavatório?

Where is the restroom?

Você pode ouvir do maître ou do garçom:

This way, please

Por aqui, por favor

We shall have a **table free** in half an hour

Deveremos ter uma **mesa livre** em meia hora

Sorry, the kitchen is **closed**

Desculpe, a cozinha está **fechada**

Have you made a **reservation**?

Você fez **reserva**?

À mesa

Posso ver o cardápio?

May I see the menu?

Quero/queremos um aperitivo primeiro

I/We would like a drink first

Pode trazer mais pão/ água?

Could we have some more bread/water?

Eu quero algo leve

I want something light

Vocês servem lanches?

Do you serve snacks?

Vocês têm porções para crianças?

Do you have children's helpings/kid's meal?

Vocês têm um prato do dia?

Do you have a dish of the day?

Qual é?	What is?
O que você recomenda?	What do you recommend?
Qual é a especialidade do restaurante?	What is the speciality of the restaurant?
Pode me dizer o que é isto?	Can you tell me what this is
Vocês têm pratos vegetarianos?	Do you have any vegetarian dishes?
Sem óleo (molho), por favor	Without oil (sauce), please
Eu vou querer...	I will have...

Condimentos

sal	salt
pimenta	pepper
azeite	olive oil
vinagre	vinegar

Molhos para salada

Blue cheese: molho com queijo roquefort.
Thousand Islands: molho com ketchup.
Vinagrette: molho com azeite e vinagre e, às vezes, ervas picadas.

Cardápios

Barbecue: churrasco.
Barbecue sauce: molho apimentado.

Barbecued: grelhado na chama.

Borsch: sopa de beterraba, geralmente servida fria com creme azedo.

Brownie: bolo pequeno e quadrado de chocolate e castanhas.

Burgoo: cozido com carne de vaca, porco, carneiro, aves e vegetais.

Caesar salad: alface romana, anchovas e quadradinhos de pão torrados com molho de queijo e alho.

Canadian bacon: toucinho defumado cortado em fatias grossas.

Chef's salad: queijo, frango ou outra carne fria, alface e tomates.

Chicken à la King: frango em cubos cozido, cogumelos fritos e tiras de pimentão vermelho em um molho branco bem temperado.

Chitlings, chitlins, chitterlings: tripas de porco.

Chowder: cozido ou sopa grossa picante de frutos do mar.

Cioppino: um tipo de cozido de peixe com lagosta, caranguejo, peixe, mariscos, vegetais e temperos.

Country captain: frango assado com tomates, uvas-passas, amêndoas e temperos.

Creole: estilo crioulo; em geral possuem um tempero bem forte, com tomates e pimentas verdes; pratos crioulos são quase sempre servidos com arroz.

Danish pastry: nome dado a uma variedade de confeitos (tortas, bolos, pães) servidos no café da manhã.

Eggs Benedict: ovos quentes com presunto ou toucinho defumado sobre um *English muffin* (ver abaixo) cobertos com molho hollandaise.

English muffin: bolo fino assado em grelha.

Flapjacks: panquecas macias.

French dressing: maionese com sabor de tomate.

French fries: batatas fritas.

Gumbo: sopa ou cozido engrossado com quiabo, contendo vegetais, carne ou frutos do mar.

Hangtown fry: ovos mexidos com bacon e ostras.

Hash: Pode ser carne cortada ou picada ou carne fiambrada frita com batatas.

Italian dressing: molho de salada com óleo, vinagre e temperos.

Jambalaya: arroz cozido com camarões, presunto, vegetais e temperos.

Long Island duck: pato muito apreciado nos Estados Unidos.

Lox: salmão defumado.

Minute steak: bife pequeno e fino.

Muffin: semelhante ao nosso pão-de-minuto.

Parfait: camadas alternadas de fruta ou molho e sorvete em uma taça de sobremesa.

Pecan pie: torta com nozes-pecãs.

Pig in a blanket: literalmente, porco com cobertor. Pode ser lingüiça de Frankfurt envolvida por uma massa e assada ou lingüiça pequena enrolada com uma panqueca; servida no café da manhã acompanhada de melado.

Pot roast: carne de vaca cozida com cebola, cenouras e batatas.
Rice creole: arroz com pimenta-verde e pimentões.
Sloppy Joe: carne de vaca em pedaços, cozida em molho de tomate picante. Servida com pão.
Soda: sorvete, calda e soda, servido em um copo alto.
Southern fried chicken: semelhante ao frango à milanesa, só que sem farinha. Frito em óleo quente até ficar crocante.
Swiss steak: fatias de carne refogadas com cebolas e tomates.
Waldorf salad: cubos de maçãs, nozes e aipo em um molho de maionese.
Zucchini: abobrinha.

Pagando a conta

A conta, por favor	The bill, please
O serviço está incluído?	Is service included?
Perdão, mas há um erro	Excuse me, there is a mistake here
Por favor, confira a conta, creio que não está correta	Please, check the bill; I don't think it's correct
O que é este valor?	What is this amount for?
Queremos contas separadas, por favor	We want separate bills, please
Vocês aceitam cartões de crédito/cheques de viagem?	Do you take credit cards/ traveller's cheques?
Guarde o troco	Keep the change
Estava muito bom	It was very good

Telefone

Nos Estados Unidos, nos aparelhos telefônicos, aparecem letras ao lado dos números. Assim, é comum parte do número telefônico estar substituído por letras. Você terá de discar os números que aparecem ao lado das letras.

Em inglês, como em português, os números de telefones são ditos falando-se os algarismos separadamente:

555-9850   five five five, nine eight, five oh

Repare que o prefixo é dito de uma vez, depois faz-se uma pausa, fala-se os dois próximos números, então nova pausa e os números restantes.

O número 0 (zero) é pronunciado, neste caso, como a letra **o**.

Você pode ouvir:

Hello?	Alô?
Who's calling?	Quem está falando?

Hold on	Um momento
One moment, please	Um momento, por favor
I'm trying to **connect** you	Estou tentando fazer a **ligação**
Sorry, **wrong number**	Desculpe, **número errado**
Cabin number...	Cabine número...
Don't **hang up**	Não **desligue**
You're through	Pode falar

Pode ser necessário dizer:

Onde posso telefonar?	Where can I make a telephone call?
Local/Interurbano internacional	Local/Abroad
Eu quero ligar para este número... no Brasil	I'd like this number... in Brazil
Você pode discar para mim?	Can you dial it for me?
Quero fazer uma ligação	I want to make a phone call
Quero que seja a cobrar	I want/a collect call (EUA)/ to reverse the charges (GB)
Quanto é a ligação para o Brazil/Portugal?	How much is it to phone Brazil/Portugal?
A linha caiu	I've been cut off
Que moedas preciso?	What coins do I need?

Você tem uma lista telefônica?	Do you have a telephone directory?
Ramal 102	Extension number 102
Eu não falo inglês	I don't speak English
Devagar, por favor	Slowly, please
Posso esperar?	Can I hold?

Transportes

Trens

Você pode ouvir:

It leaves at **half past eight**	Sai às **oito e meia**
It arrives at **eight**	Chega às **oito**
It's platform **number one**	É na plataforma **número um**
You have to **change trains** at...	Você tem de fazer **baldeação** em...
When do you want the **ticket** for?	Para quando você quer a **passagem**?
Single or return ticket?	Passagem só de ida ou de ida e volta?
When do you want to **return**?	Quando você quer **voltar**?
Smoking or non-smoking?	Fumante ou não fumante?

Pode ser necessário dizer:

Onde é a estação de trens?	Where's the train station?

Onde é a bilheteria?	Where is the ticket office?
Há um trem para...	Is there a train to...
Você tem o horário de trens para...	Do you have a timetable of trains to...
A que horas parte o primeiro trem para...	What time is the first train to...
O próximo trem	The next train
O último trem	The last train
Uma passagem/duas passagens no trem das 8:15 para...	One ticket/two tickets in the eight and a quarter train to...
De que plataforma parte o trem para...?	Which platform does the train to... leave from?
Só ida	Single ticket
Ida e volta	Return ticket
Primeira/segunda classe	First/second class
Tenho de fazer baldeação?	Do I have to change trains?
Este lugar está vago?	Is this seat free?
Este lugar está reservado?	Is this seat taken/reserved?

Ônibus

Nas cidades americanas e inglesas não há ônibus em quantidade como no Brasil. Deve-se aguardar em fila no ponto e, obrigatoriamente, levar dinheiro na conta exata da passagem. Não há cobrador, e o motorista, normalmente, se recusa a trocar o dinheiro.

Quanto é a passagem de ônibus?	How much is the bus fare?

Onde pego o ônibus para...	Where do I get the bus to...
A que horas sai o ônibus para...	What time is the bus to...
O próximo ônibus	The next bus
O último ônibus	The last bus
Este lugar está vago?	Is this seat free?
Onde pego o ônibus para o hotel...?	Where do I get the bus to the hotel...?
para o centro da cidade?	to downtown?
para o aeroporto?	to the airport?
para a praia	to the beach
Você pode me avisar quando devo descer?	Can you tell me where to get off?
Eu quero descer	I want to get off
No próximo ponto, por favor	The next stop, please
Uma passagem/duas passagens para..., por favor	One ticket/two tickets to..., please

Metrô

Obs.: Nos Estados Unidos, usa-se *Subway* para metrô, enquanto na Grã-Bretanha usa-se *Underground* ou *Tube*. Em determinadas cidades, a tarifa varia de acordo com a distância a ser percorrida. É necessário, então, informar até onde se deseja ir.

Onde é a estação de metrô mais próxima?	Where is the nearest subway/underground station?
Você tem um mapa do metrô?	Do you have a subway/ an underground map?
Eu quero ir para...	I want to go to...
Qual linha vai para...	Which line goes to...
Um/dois bilhete(s), por favor	One/two ticket(s), please
Quanto é?	How much is it?
Eu quero um bilhete para a estação...	I want a ticket to the ...station

Táxi

Por favor, chame-me um táxi	Please, call me a taxi
Está livre?	Are you free?
Por favor, leve-me...	Please, take me...
ao aeroporto	to the airport
ao centro da cidade	to downtown
ao Hotel Continental	to the Continental Hotel
a este endereço	to this address
É longe?	Is it far?
Quanto vai custar?	How much will it be?
Por favor, estou atrasado, pode ir mais depressa?	Please, I'm late, can you hurry?

Quanto você cobra por hora/dia?	How much do you charge by the hour/for the day?
Quanto é?	How much is it?

Alugando carro

Você pode ouvir:

The **key**, please	A **chave**, por favor
You can't **park** here	Você não pode **estacionar** aqui
What **kind** of car do you want?	Que **tipo** de carro você quer?
Your **driving licence**, please	Sua **carteira de motorista**, por favor

Pode ser necessário dizer:

Eu quero alugar um carro	I want to hire a car
Eu quero um carro pequeno/grande	I want a small/large car
Um carro automático, por favor	An automatic car, please
Quanto custa...?	How much is it...?
por dia	by the day
por três dias	for three days
por uma semana	for a week
pelo fim de semana	for the weekend
A quilometragem está incluída?	Is mileage included?
O seguro está incluído?	Is insurance included?

Quanto eu tenho de pagar a mais por um seguro total?	How much extra is the comprehensive insurance cover?
Posso deixar o carro no aeroporto?	Can I leave the car at the airport?
Posso entregar o carro em...	Can I return the car in...
Você pode me mostrar os controles, por favor?	Could you show me the controls, please?
Há algum posto de gasolina por aqui?	Is there a gas station around here?
Complete	Fill it up
Você pode ver os pneus?	Could you check the tyres, please?
Você pode limpar o pára-brisa?	Can you clean the windscreen?
Você tem um guia rodoviário?	Do you have a road map?
Meu carro quebrou	My car has broken down
Eu sofri um acidente	I've had an accident

A

about, quase; sobre; perto de; em volta de; prestes a

abroad, em um país estrangeiro; fora; no exterior

accept, aceitar; concordar; admitir

accident, acidente; desastre

ache, dor; sentir dores; doer

address, endereço; endereçar; discurso

after, atrás; detrás; depois; após

afternoon, tarde (depois do meio-dia)

again, novamente; outra vez; de volta

age, idade; época

airmail, correio aéreo

allergic, alérgico

ambulance, ambulância

amount, soma; quantia; total; importância

another, um outro; adicional

antibiotics, antibióticos

apple, maçã (é também uma marca de microcomputadores)

appointment, encontro; compromisso

arm, braço; arma

arrive, chegar; alcançar

ashtray, cinzeiro

automatic, automático; *automatic car*, carro automático, hidramático, sem embreagem, em que as marchas são trocadas automaticamente

avenue, avenida

B

baby, bebê; criancinha

baby-sitter, pessoa que cuida do bebê na ausência dos pais

bad, ruim; mau; desagradável

bag, saco; sacola; maleta; bolsa

baggage, bagagem; malas

balcony, balcão; sacada; galeria

barbecue, churrasco

bath, banho

battery, bateria; pilha

beach, praia

bean, feijão

beat, batida; golpe; ritmo; pulsação; bater; pulsar; derrotar

beautiful, bonito; lindo

beer, cerveja

before, antes

beg, pedir; solicitar; implorar; mendigar

belly, barriga

belt, cinto

big, grande; importante

bill, conta; nota de despesas; fatura; nota (ou cédula) de dinheiro

bird, pássaro; ave

birth, nascimento; origem

birthday, aniversário

birthplace, local de nascimento

biscuit, biscoito

bit, pedaço; bocado

black, preto

blanket, cobertor

block, quarteirão

blood, sangue

blouse, blusa

boil, ferver; cozinhar

book, livro; reserva (em restaurantes etc); *to book,* reservar

borrow, obter emprestado; empréstimo

bottle, garrafa; frasco; vidro; mamadeira

box, caixa; caixote; compartimento

boy, menino; moleque; garoto

boyfriend, namorado

bra, sutiã

bread, pão

break, fratura;
interrupção; quebrar

breakfast, café da manhã;
desjejum

breathe, respiração; *to breathe,* respirar

bring, trazer; levar;
conduzir

brother, irmão

brown, marrom; castanho

brush, escova; escovar

bull, touro

burn, queimadura;
queimada; queimar

bus, ônibus

business, serviço;
profissão; negócio

busy, ocupado

butter, manteiga

buy, compra; aquisição;
comprar

C

cab, táxi

calf, filhote

call, grito; chamado;
telefonema; chamar;
telefonar

camcorder, câmera de
vídeo com unidade
gravadora acoplada

captain, capitão

car, carro; automóvel;
vagão

cardiac, cardíaco

care, cuidado; atenção;
preocupação; cuidar de;
importar-se com; gostar
de

cash, dinheiro (disponível
à vista); pagar ou receber
à vista

cashier, caixa (de banco,
supermercado etc)

cat, gato

chair, cadeira

chairman, presidente (de
organização, assembléia
etc)

chambermaid, camareira

change, troco; dinheiro
trocado; miúdo; trocar;
alterar

charge, carga; ataque;
cobrar; acusar

cheap, barato; de preço
baixo

cheese, queijo

cherry, cereja

chest, peito
chicken, galinha
child, criança
chop, talho; corte; fatia; costeleta; cortar
class, classe; categoria
clean, limpo; honesto; limpar
close, fechar; tapar; encerrar
closed, fechado
clothes, roupa; traje; vestuário
coat, casaco longo; sobretudo
cocktail, coquetel; aperitivo
coffee, café (a bebida)
coin, moeda (não confundir com *currency* = moeda, padrão monetário)
cold, frio; resfriado; frígido
collect, coleta; cobrança; coletar; cobrar; *collect call,* telefonema a cobrar
color (ou colour), cor; colorido; pintar; tingir
comprehensive, abrangente; incluso
connect, conectar; ligar; completar ligação telefônica (neste caso)

cook, cozinheiro; cozinhar
cordless, sem fio
corner, esquina
correct, correto; justo; corrigir
cortisone, cortisona
cost, preço; custo; gasto
cottage, cabana; casa de campo
country, país; região; rural; rústico
cover, cobrir; abranger; cobertura
cow, vaca
cup, xícara; taça
curtains, cortinas

D

damage, dano; prejuízo; estrago; estragar; prejudicar
dance, dança; baile; dançar
date, data; época; encontro; namorar
day, dia
declare, declarar
delay, atraso
departure, partida; saída
dessert, sobremesa

develop, desenvolver; revelar um filme fotográfico

dial, mostrador (de relógio, rádio etc); disco de aparelhos telefônicos; discar (telefone)

diarrhoea, diarréia

different, diferente

dinner, jantar

directory, lista telefônica

dirty, sujo; imoral

discount, desconto; descontar

dish, prato (louça); prato (comida)

divorced, divorciado/a

dizzy, tonto; com tonturas

doctor, doutor; médico

double, duplo; dobro

down, abaixar; abater; abaixo; para baixo; abatido; desanimado

downtown, centro da cidade

draught beer, chopp; cerveja de barril

dress, vestido (de mulher); vestir

dressing, molho; tempero

drink, drinque; bebida; *soft-drinks,* bebidas não-alcoólicas

drive, passeio; percurso; guiar; dirigir; conduzir

dry, secar; enxugar; seco

E

ear, orelha; ouvido

economy, economia

egg, ovo

else, outro; diverso; diferente; além disso; ainda mais; de outro modo; em lugar de; senão

empty, vazio; desocupado; esvaziar; evacuar

evening, noite

excuse, desculpa; desculpar

expect, esperar; aguardar; contar com

expensive, caro; dispendioso

extension, extensão (inclusive extensão telefônica)

F

fair, feira de negócios; exposição (neste caso)

family, família

far, longe; distante

fare, tarifa

father, pai; padre

feel, sensação; percepção; sentir; perceber; pressentir; parecer

fill, encher; preencher; acumular; ocupar; satisfazer; obturar

filling, enchimento; obturação dentária (neste caso)

film, filme; filmar

find, achar; encontrar; perceber; julgar

fine (1), multa; penalidade; multar

fine (2), de excelente qualidade; agradável; ótimo; excelente

first, em primeiro lugar; começo; princípio; principal

fish, peixe; pescado; pescar

fix, fixar; ligar; pregar; arrumar; ajustar

flight, vôo

floor, chão; soalho; solo; piso; andar (de um prédio)

flush, rubor; vermelhidão; esguicho; esguichar; enrubescer; dar a descarga em vaso sanitário

foam, espuma; espumar

food, alimento; comida; sustento

foot, pé; base; suporte; unidade de medida

fork, garfo

form, formulário; forma; formar

free, livrar; libertar; abrir; livre; autônomo; solto; inocente; gratuito; isento

friend, amigo/a

fruit, fruto; fruta; produto; resultado; conseqüência

full, totalidade; abundância; cheio; tornar-se cheio

G

garage, garagem

gate, portão

gay, alegre; divertido; vistoso; homossexual

gentleman, cavalheiro; senhor

get, receber; obter; ganhar; ficar; contrair; apanhar; conseguir; tomar; comer; compreender; entender; possuir

gift, presente; dádiva; dom; presentear

girl, menina

girlfriend, namorada

give, dar; entregar; oferecer; mostrar; aplicar; conferir

glass, vidro; copo; vidraça; coisa feita de vidro; envidraçar; colocar vidro

glasses, óculos

glove, luva

good, bem; benefício; o que é bom; justo; bondoso; sincero; verdadeiro; admirável; desejável

goose, ganso

gray (ou grey), cinza; cinzento; acinzentar

green, verde; gramado

greens, verduras

grocer's (ou grocery), mercearia

grocer, merceeiro; vendeiro

guide, guia; guiar

H

half, metade; meio; quase; parcialmente

ham, presunto; pernil

hand, mão; dar; entregar

hang, pendurar; enforcar

hanger, cabide

happy, feliz

hat, chapéu

head, cabeça; chefe; diretor; encabeçar; liderar

headphones, fones de ouvido

health, saúde

help, assistência; alívio; ajuda; socorro; auxiliar; ajudar; socorrer

here, aqui; neste lugar

high, elevado; grande; alto

hire, contratar; alugar

hold, ação de segurar; manter; defender; conter; encerrar; abraçar

holiday, feriado; férias

honey, mel

hot, quente; apimentado; apaixonado

hour, hora; tempo; momento; período

how, como; de que maneira; por quê; por que razão

huge, imenso; vasto; enorme

hundred, cem; cento; centena

hurt, ferida; dor; ferir; ofender; magoar

husband, marido

I

ice cream, sorvete

ice, gelo; gelar

include, incluir; abranger

inexpensive, barato

infection, infecção

information, informação

insurance, seguro

interesting, interessante

interpreter, intérprete

issue, emissão; edição; tiragem; emitir; lançar; sair; cunhar

J

jacket, jaqueta; casaco

jam, geléia; esmagamento; engarrafamento (de trânsito)

juice, suco; sumo

K

key, chave; código; principal

kid, criança; garoto; caçoar; zombar

kind, classe; espécie; grupo; gênero

king, rei

kitchen, cozinha

knife, faca; lâmina

know, saber; conhecer; entender

L

large, grande; abundante

last, último; final; derradeiro; durar; continuar; agüentar

late, atrasado; demorado; último; recente; recentemente falecido

laundry, lavanderia; roupa para ser lavada

leaf, folha (de planta, livro, porta)

leather, couro

leave, licença; permissão; partir; abandonar; desistir

left, esquerda

leg, perna
lemonade, limonada
letter, letra; carta
licence, licença; *driver's licence,* carteira de motorista
lie, mentira; falsidade; mentir; deitar-se; repousar; jazer
life, vida; existência
light, luz; iluminar; acender; fogo para cigarro
like, semelhante; gosto; preferência; gostar de; querer; desejar
lilac, lilás
litter, lixo
littering, sujar; espalhar lixo
little, pequeno; pouco
loaf, fôrma
lobby, vestíbulo; corredor
long, longo; extenso; tardio; durante
look, olhar; olhadela; aspecto; aparência; contemplar; vigiar; cuidar
love, amor; amar
low, baixo; pequeno; vulgar; inferior; humilde; barato
luck, sorte; felicidade; acaso

luggage, bagagem
lunch, almoço
lungs, pulmões

M

machine, máquina; mecanismo
main, principal; essencial
man, homem
map, mapa
married, casado/a
marry, casar
match, fósforo; palito; competição; partida; igualar; combinar; casar
matter, matéria; assunto; tópico; importância
meal, refeição
mean, meio; meio-termo; média; significar; querer dizer; vil; ignóbil; mau
measure, medida; medir
meat, carne
medicines, remédios
meet, reunião; encontro; encontrar; reunir-se
meeting, reunião; concentração; assembléia
messages, mensagem; recado

midnight, meia-noite
mileage, quilometragem
milk, leite
mind, mente; cérebro;
  intelecto; lembrança;
  opinião; notar;
minute, minuto
mirror, espelho; espelhar
mistake, engano; erro;
  enganar-se
money, dinheiro
morning, manhã; matinal
mountain, montanha;
  serra
mouth, boca
museum, museu

N

name, nome; título;
  reputação; nomear;
  mencionar
napkin, guardanapo
nationality, nacionalidade
near, próximo; perto;
  chegado; vizinho;
  aproximar-se
net, rede; líquido (preço,
  peso ou lucro)
new, novo; recente;
  novato
next, seguinte; próximo

nice, bonito; lindo; belo;
  amável; agradável;
  bondoso; gentil
night, noite
nightgown, camisola de
  dormir
noon, meio-dia
nose, nariz
note, nota; anotação;
  apontamento; bilhete

O

obey, obedecer; acatar
occupation, ocupação;
  profissão
offer, oferta; ofertar
office, escritório
oil, óleo; azeite; petróleo;
  lubrificar
old, velho; idoso;
  antiquado
open, abrir; esclarecer;
  divulgar; começar;
  inaugurar; aberto; livre;
  desocupado
orange, laranja (fruta); cor
  de laranja
orangeade, laranjada
order, ordem; seqüência;
  encomenda; encargo;
  ordenar; encomendar

own, próprio; possuir; ter

P

packet, pacote; maço de cigarros

pain, dor; atormentar; afligir; doer; magoar

pants, calças

paper, papel; documento; jornal

parcel, encomenda; pacote; embrulho; remessa

pardon, perdão; desculpa; perdoar; desculpar

park, parque, estacionar

parking lot, estacionamento

passport, passaporte

past, passado; decorrido; findo; anterior

pasta, massa; macarrão

patry, massa (de tortas)

pay, pagamento; pagar

peach, pêssego

pear, pêra

penicillin, penicilina

people, povo; gente; povoar

pet, animal de estimação

pillow, travesseiro

pipe, cano; tubo; cachimbo

pitty, piedade; pena; compaixão; dó

place, lugar; espaço; colocar

plane, avião

platform, plataforma

play, jogo; disputa; divertimento; brincadeira; tocar (instrumento musical); jogar; disputar; brincar

please, agradar; aprazer; por favor

pleasure, prazer; satisfação

police, polícia

pork, carne de porco

post office, agência dos correios

post, postar; enviar pelo correio

postcard, cartão-postal

potato, batata

pound, libra (unidade de medida equivalente a aproximadamente meio quilo); libra (padrão monetário da Grã-Bretanha)

pregnant, grávida

pressure, pressão

previous, anterior

prints, cópias fotográficas

problem, problema
purpose, propósito; objetivo

Q

quiet, sossego; tranqüilidade; quieto; acalmar; aquietar

R

rate, razão; padrão; tarifa; taxa
ray, raio
razor, navalha; lâmina
ready, pronto, concluído
recommend, recomendar
red, vermelho
reduction, redução, desconto
register, registro; inscrição; registrar; inscrever
registration, registro; matrícula
reservation, reserva
restroom, toalete, banheiro
return ticket, passagem de ida e volta

return, volta; regresso; voltar; regressar
reverse charges, a cobrar
reverse, contrário; avesso; invertido
rice, arroz
right, direita
road, estrada
rob, roubar
room, quarto; espaço
root, raiz; origem; enraizar
rye, centeio

S

safe, seguro, cofre
sail, vela; velejar
salad, salada
salt, sal
sauce, molho
sausage, salsicha; lingüiça
saw, serra; serrote; serrar
say, falar; dizer
scissors, tesoura
sea, mar; oceano
seat, assento; cadeira; sentar
sell, vender; negociar
separate, separar; apartar
serve, servir; suprir; fornecer; ajudar

service, serviço; préstimo; obséquio; ocupação
sheaf, feixe
sheet, folha; lençol
shelf, estante
shine, brilho; brilhar
ship, nave; navio; embarcação; avião; embarcar; pôr a bordo
shirt, camisa
shoe, sapato
shop, loja
show, mostra; exibição; espetáculo; mostrar
shower, chuveiro; banho de chuveiro
shutter, obturador de câmera fotográfica
sick, doente, enjoado; com ânsia de vômito
sign, sinal; signo; assinar
signature, assinatura
sing, cantar
single ticket, passagem só de ida
single, solteiro; só
sister, irmã
site, local; lugar
size, tamanho
skirt, saia (peça de vestuário)
sleep, sono; dormir
sleeve, manga (de camisa)

slides, diapositivos; cromos
slow, lento; vagaroso; reduzir a velocidade
small, pequeno
smoke, fumaça; fumar
snack, lanche; refeição leve
soap, sabão, ensaboar
soccer, futebol (EUA)
sock, meia curta
soft-drink, bebida não-alcoólica
soft, macio
soon, breve; logo; cedo
sorry, triste; perdão!; desculpe!; sinto muito!
speak, dizer; falar; conversar; discursar
speciality, especialidade
spoon, colher
stale, envelhecido; passado; estragado
stamp, selo
star, estrela; estrelar
station, estação
steak, bife
steal, furtar
stockings, meias longas (de mulher)

stop, parada; interrupção; ponto (de ônibus); parar; interromper

street, rua; via pública

style, estilo

subway, metrô (EUA)

sugar, açúcar

suggest, sugerir; aconselhar

suit, terno; naipe

suitcase, mala

supermarket, supermercado

surface, superfície

surname, sobrenome

sweet, doce; sobremesa

T

table, mesa; tabela; lista

take, pegar; tomar; alcançar; levar; aceitar; receber; comer; beber; consumir; usar; tomar; fazer; considerar; anotar

tea, chá

tell, dizer; contar; narrar; falar; comunicar; ordenar

terrace, varanda; sacada; alpendre

thank, agradecimento; agradecer

there, lá

thick, espesso; grosso; gordo; cheio

thief, ladrão; ladra

throat, garganta

through, através

ticket, bilhete, passagem (aérea, rodoviária etc)

tights, meias-calças

time, tempo

timetable, tabela de horários (de trens, por exemplo)

today, hoje

toilet, toalete; banheiro

tomato, tomate

tomorrow, amanhã

tooth, dente

toothache, dor de dente

towel, toalha

town, cidade

transit, trânsito; transitar

translate, traduzir

traveller, viajante

traveller's cheques, cheques de viagem

trouser, calças

try, tentativa; teste; tentar; ensaiar; provar (roupas)

turn, virar

tuxedo, smoking (traje à rigor)

typewriter, máquina de
  escrever
tyres, pneus

U

underground, metrô (GB)
understand,
  compreender; entender;
  saber
underwear, roupa de baixo
up, avançado; adiantado;
  ascendente; para cima; no
  alto; em cima; para cima;
  acima; sobre
urinate, urinar
use, uso; prática; costume;
  usar

V

vacancy, vazio; vaga
vacant, vago; desocupado
VCR, aparelho gravador
  e reprodutor de
  videocassete
vegetarian, vegetariano
velvet, veludo
very, real; verdadeiro;
  puro; justo; muito;
  bastante
view, vista

W

wait, espera; demora;
  esperar
warm, aquecer; quente;
  morno
watch, cuidado; atenção;
  guarda; vigilância; assistir;
  vigiar; guardar
water, água
way, modo; maneira;
  método; meio; direção;
  caminho; estado
week, semana
welcome, bem-vindo/a
wet, molhado/a
white, branco/a
wife, esposa; mulher.
window, janela; vitrina
windscreen, pára-brisa
wine, vinho
withdraw, retirar
wolf, lobo
woman, mulher
word, palavra
work, trabalho; ocupação;
  tarefa; serviço;
  trabalhar; produzir;
  funcionar

wrapped, embrulhado
write, escrever
wrong, erro; errado; falso;
  injusto; ilegal

yesterday, ontem
yet, ainda; contudo; porém

A

abaixar, down
aberto, open
abraçar, hold
abrangente, comprehensive
abrir, open
aceitar, accept
achar, find
acidente, accident
açúcar, sugar
agradar, please
agradável, pleasant; nice
agradecimento, thank
água, water
ainda, yet
alegre, gay
alegria, joy
alérgico, allergic
alimento, food
almoço, lunch
alto, high

alugar (um carro), hire (a car)
alugar, rent
amanhã, tomorrow
ambulância, ambulance
amigo/a, friend
amor, love
animal de estimação, pet
animal, animal
aniversário, birthday
anterior, previous
antes, before
antibióticos, antibiotics
aquecer, warm
aqui, here
arroz, rice
assento, seat
assinatura, signature
assistência, assistance; help
atrás, behind
atrasado, late
atraso, delay

através, through
aula, class
automático, automatic
avançado, advanced
avenida, avenue
avião, plane

B

bagagem, baggage; luggage
baixo, low
balcão, balcony
banheira, bath; bathtub
banheiro, restroom (EUA); toilet (GB)
banho, bath
barato, cheap; inexpensive
barriga, belly
batata, potato
bateria, battery
batida, beat
bebê, baby
bebidas não-alcoólicas, soft-drinks
bebidas, drinks
bem-vindo/a, welcome
bife, steak
bilhete, ticket
biscoito, biscuit
blusa, blouse
boca, mouth

bom (contrário de mau), good
bonito (homem), handsome; nice-looking
bonito/a, beautiful; nice
braço, arm
branco, white
breve, soon
brilho, shine

C

cabana, cottage
cabeça, head
cabide, hanger
cachimbo, pipe
cadeira, chair
café, coffee
café da manhã, breakfast
caixa (de supermercado), cashier; *caixa de banco,* teller
caixa, box
calças, pants; trousers
câmera de vídeo, camcorder
câmera, camera
camareira, chambermaid
camisa, shirt
camisola, nightgown
cano, pipe
cantar, sing

capitão, captain
cardíaco, cardiac
carga, charge
carne de porco, pork
carne, meat
caro, expensive
carro, car
cartão-postal, postcard
cartão, card
carteira de motorista, driver's licence
carteira, wallet
casaco longo, overcoat
casaco, coat
casado, married
casar, marry
cavalheiro, gentleman
cem, hundred
centeio, rye
centro (da cidade), downtown
centro, center
cereja, cherry
certo, right; correct
cerveja, beer
chá, tea
chamar, call
chão, floor
chapéu, hat
chave, key
chegar, arrive

cheque de viagem, traveller's cheque
cheque, cheque
chopp, draught beer
chorar, cry
churrasco, barbecue
chuveiro, shower
cidade, town
cigarro, cigarette
cinto, belt
cinto de segurança, seat belt
cinza, gray (ou grey)
cinzeiro, ashtray
classe, class
cobertor, blanket
cobrança, collect
cobrir, cover
cofre, safe; vault
coleta, collect
colher, spoon
como, how
compra, buy
compreender, understand
comprometimento, commitment
compromisso, appointment
conectar, connect
conta, bill
contrário, reverse
contratar, hire

cópia, copy
coquetel, cocktail
cor, color (ou colour)
correio (agência), post office
correio aéreo, airmail
correio, mail
correspondência, mail
correto, correct
cortinas, curtains
cortisona, cortisone
couro, leather
cozinha, kitchen
cozinheiro, cook
criança, child; kid
cromo, chrome; slide
cuidar, care

D

dança, dance
dano, damage
dar, give
data, date
declarar, declare
dente, tooth
desconto, discount; reduction
desculpa, excuse
desenvolver, develop
desjejum, breakfast
dia, day

diapositivo, slide
diarréia, diarrhoea
diferente, different
dinheiro, money; *dinheiro vivo,* cash
direita, right
divorciado, divorced
divorciar, divorce
dizer, speak; tell
doce, sweet
doente, sick
dor, ache; pain; *dor de dente,* toothache
doutor, doctor
drinque, drink
duplo, double

E

economia, economy
elevado, high
embrulhado, wrapped
emitir, issue
encher, fill
enchimento, filling
encomenda, parcel
encontrar (1), find
encontrar (2), meet
encontro, appointment
endereço, address

engano, mistake
enjoado (com ânsia de vômito), sick
envelhecido, stale
errado, wrong
erro, error
escova, brush
escrever, write
escritório, office
especialidade, speciality
espelho, mirror
espera, wait
esperar, wait; expect
espesso, thick
esposa, wife
espuma, foam
esquerda, left
esquina, corner
estação, station
estacionamento, parking lot
estacionar, to park
estante, shelf
estilo, style
estrada, road
estrangeiro, foreign; *no estrangeiro,* abroad
estrela, star
exposição, exposition; exhibit; fair
extensão, extension

F

faca, knife
falar, say
família, family
fechado, closed
fechar, close
feijão, bean
feira, fair; *feira de negócios,* business fair; trade show
feixe, sheaf
feliz, happy
feriado, holiday
ferida, hurt
ferver, boil
filhote, calf
filme, film
fixar, fix
fogo, fire; *para cigarro,* light
folha (1), leaf
folha (2), sheet
fones de ouvido, headphones
formulário, form
fósforo, match
fotografias, photographs
frio, cold
fruto, fruit
fumaça, smoke

furtar, steal
futebol, soccer

G

galinha, chicken
ganso, goose
garagem, garage
garfo, fork
garganta, throat
garrafa, bottle
gato, cat
geléia, jam
gelo, ice
grande, big; large
grátis, free
grávida, pregnant
gritar, scream; yell; cry
guardanapo, napkin
guia, guide

H

hoje, today
homem, man
hora, hour
horário (de trens, por exemplo), timetable

I

idade, age
imenso, huge
incluir, include
infecção, infection
informação, information
interessante, interesting
intérprete, interpreter
irmã, sister
irmão, brother

J

janela, window
jantar, dinner
jaqueta, jacket
jogar, play
jogo, match

L

lá, there
ladrão, thief
lanche, snack
laranja, orange
laranjada, orangeade
lavanderia, laundry
leite, milk
lento, slow

letra, letter
libra, pound (peso ou padrão monetário da Grã-Bretanha)
licença, licence
lilás, lilac
limonada, lemonade
limpo, clean
lista, list; *lista telefônica*, telephone directory
livro, book
lixo, garbage; litter
lobo, wolf
local, place; site; *local de nascimento*, birthplace
loja, shop
longe, far
longo, long
lugar, place; site
luva, glove
luz, light

M

maçã, apple
macarrão, pasta; macarroni
macio, soft
maço de cigarros, packet of cigarettes
mala, suitcase

manga (de camisa), sleeve
manhã, morning
manteiga, butter
mão, hand
mapa, map
máquina, machine
máquina de escrever, typewriter
mar, sea
marido, husband
marrom, brown
massa, pastry
matéria, matter
mau, bad
medida, measure
meia, sock; *meias longas* (de senhoras), stocking
meia-noite, midnight
meias, tights
meio (modo), mean
meio-dia, noon
mel, honey
menina, girl
menino, boy
mensagem, message
mente, mind
mentira, lie
mercearia, grocer's (ou grocery)
merceeiro, grocer
mesa, table
metade, half

metrô, subway (EUA);
  underground (GB)
minuto, minute
modo, way
**moeda (padrão
  monetário)**, currency
moeda, coin
molhado, wet
molho, dressing; sauce
montanha, mountain
mostra, show
mostrador, dial
mulher, woman
multa, fine
museu, museum

N

nacionalidade, nationality
namorada, girlfriend
namorado, boyfriend
nariz, nose
nascimento, birth
navalha, razor
nave, ship
negócios, business
noite, evening; night
nome, name
nota, note
novamente, again
novo, new

O

obedecer, obey
obter, borrow
obturação, filling
**obturador de câmera
  fotográfica**, shutter
óculos, glasses
ocupação, occupation
ocupado, busy
oferta, offer
óleo, oil
olhar, look
ônibus, bus
ontem, yesterday
ordem, order
orelha, ear
ouvido, ear
ovo, egg

P

pacote, packet
pagamento, pay
pai, father
país, country
palavra, word
pão, bread

papel, paper
pára-brisa, windscreen
parada, stop
parque, park
partida, departure
passado, past
passagem (aérea, rodoviária etc), ticket
passagem de ida e volta, return ticket
passagem só de ida, single ticket
passaporte, passport
pássaro, bird
pé, foot
pedaço, bit
pedir (implorar), beg
pedir, ask; order
peito, chest
peixe, fish
pendurar, hang
penicilina, penicillin
pequeno, little; small
pêra, pear
perdão, pardon
perna, leg
pêssego, peach
piedade, pitty
pilha, battery
pipoca, pop corn
plataforma, platform
pneus, tyres

polícia, police
portão, gate
postar (colocar no correio), post
povo, people
praia, beach
prato, dish
prazer, pleasure
preço, price; cost
presente, gift
presidente, president; chairman
pressão, pressure
presunto, ham
preto, black
primeiro, first
principal, main
problema, problem
pronto, ready
propósito, purpose
próprio, own
próximo, near
pulmões, lungs

Q

quarteirão, block
quarto, room
quase, almost
quebrar, break

queijo, cheese
queimadura, burn
quente, warm; hot
quilometragem, mileage

R

raio, ray
raiz, root
razão (taxa), rate
razão, reason
recado, message
receber, receive
recomendar, recommend
rede, net
refeição, meal
registro, register;
  registration
rei, king
remédios, medicines
reserva, reservation;
  booking
respiração, breathe
reunião, meeting
**revelar um filme
  fotográfico,** to develop a
  film
roubar, rob
roupa íntima, underwear

roupa, clothes
rua, street
rubor, flush

S

sabão, soap
saber, know
saco, bag
saia, skirt
sair, exit; leave
sal, salt
salada, salad
salsicha, sausage
sangue, blood
sapato, shoe
saúde, health
secar, dry
secretária eletrônica,
  answering machine
secretária/o, secretary
seguinte, next
segurar, hold
**seguro (de vida ou de
  bens),** insurance
seguro, safe
selo, stamp
sem fio, cordless
semana, week
semelhante, alike
sensação, feel
separar, separate

serra, saw
serviço, business; service
servir, serve
sinal, sign
smoking (traje à rigor), tuxedo
sobremesa, dessert
sobrenome, surname
sobretudo, overcoat
solteiro, single
soma, amount
sono, sleep
sorte, luck
sorvete, ice cream
sossego, quiet
suco, juice
sugerir, suggest
sujar, littering
sujo, dirty
superfície, surface
supermercado, supermarket
sutiã, bra

T

tabela, table
tamanho, size
tarde (depois do meio dia), afternoon

tarde (hora adiantada), late
tarifa, fare
taxa, rate
táxi, cab
tempo, time
temporada, season
tentativa, try
terno, suit
tesoura, scissors
toalete, restroom (EUA); toilet (GB)
toalha, towel
tomate, tomato
tonto (com tonturas), dizzy
touro, bull
trabalho, work
traduzir, translate
trânsito, transit
transporte, transportation
travesseiro, pillow
trazer, bring
triste, sad
troco, change

U

último, last
urinar, urinate
uso, use

V

vaca, cow
vago, vacant
varanda, terrace
vazio, empty
vegetariano, vegetarian
vela, candle; *vela de embarcação,* sail
velho, old
veludo, velvet
vender, sell
verde, green
vermelho, red
vestíbulo, lobby
vestido, dress
viajante, traveller

vida, life
videocassete, VCR
vidro, glass
vinho, wine
virar, turn
vista, view
volta, return
vôo, flight

X

xícara, cup

Z

zoológico, zoo

MICHAELIS
Para sua viagem, o melhor tira-dúvidas:

Michaelis
Dicionário de Bolso
Inglês-Português/Português-Inglês

* mais de 14.000 verbetes
* definições claras e precisas
* divisão silábica dos verbetes em
  inglês e em português
* expressões idiomáticas, provérbios
  e gírias
* sinônimos e variantes
* tabela de pesos e medidas

416 páginas/formato: 7 × 10 cm